Marie-France Flou

Petit Lapin Blanc
et le pipi au lit

GAUTIER-LANGUEREAU

Petit Lapin Blanc a trois ans.

Il ne fait plus pipi au lit à la sieste
de l'école.

Il sait se retenir quand les toilettes
sont occupées.

Mais la nuit, c'est plus compliqué.

En ce moment, Maman lui demande
tous les soirs :

« Tu veux mettre une couche, mon chéri ?

— Non, répond Petit Lapin Blanc,

les couches, c'est fini ! C'est pour Petite

Sœur, maintenant. Moi, je suis grand ! »

Quand on fait pipi au lit, il faut changer les draps et le pyjama.

« Tu-du-dut ! Il y a eu un accident ! dit Maman.

– C'est embêtant, râle Petit Lapin Blanc.

– Mais ce n'est pas grave », ajoute Papa.

Le soir, au dîner, Petit Lapin Blanc
ne boit pas trop d'eau. Il va deux fois
faire pipi. Avant et après l'histoire.
Mais cette nuit, encore une fois,
c'est trop tard quand il appelle Papa.

Petit Lapin Blanc pleure. Il n'aime pas
se réveiller tout trempé.
« Ne sois pas triste, mon chéri, dit Papa.
C'est arrivé à tout le monde. À moi,
à Maman, à Papy, à Mamie !
– Et à Petite Sœur aussi ! » dit
en souriant Petit Lapin Blanc.

Le lendemain, à l'école, quand Quentin
se retrouve tout mouillé à la fin
de la sieste, Petit Lapin Blanc vient
le consoler :
« T'inquiète pas. Même Nathalie,
elle faisait pipi au lit. Pas vrai, Maîtresse ?
– Si, dit Nathalie. Quentin va
se changer et, ensuite,
on jouera. »

Maintenant, chaque soir, Petit Lapin
Blanc prépare avec Maman
un deuxième pyjama et un drap.
Il met son petit pot près de son lit.
Cette nuit, il se lève à temps :
« Maman ! J'ai envie
de faire pipi !
– Bravo, mon chéri ! »

Le lendemain matin, quand Petit Lapin
Blanc se réveille, il dit, très fier de lui :
« Je crois que j'ai grandi ! »
Maman le mesure avec la toise.
« Oh ! là ! là ! Mais oui, mon chéri !
Tes pieds vont dépasser
de ton lit !

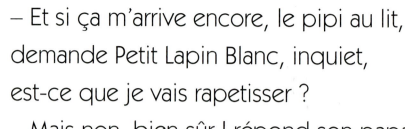

– Et si ça m'arrive encore, le pipi au lit,
demande Petit Lapin Blanc, inquiet,
est-ce que je vais rapetisser ?
– Mais non, bien sûr ! répond son papa.
Tu as réussi cette fois. Et, bientôt,
tu réussiras chaque nuit.
On grandit petit à petit.
Tu as tout ton temps,
mon Petit Lapin Blanc ! »

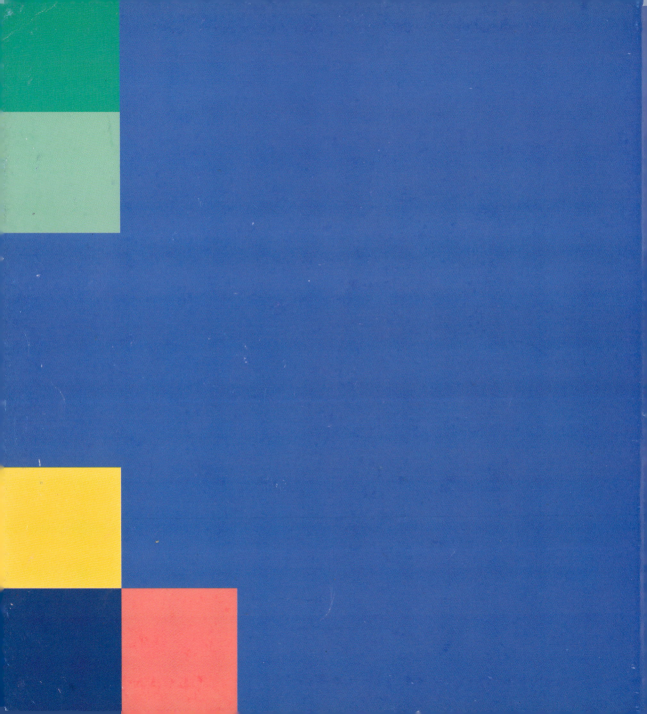